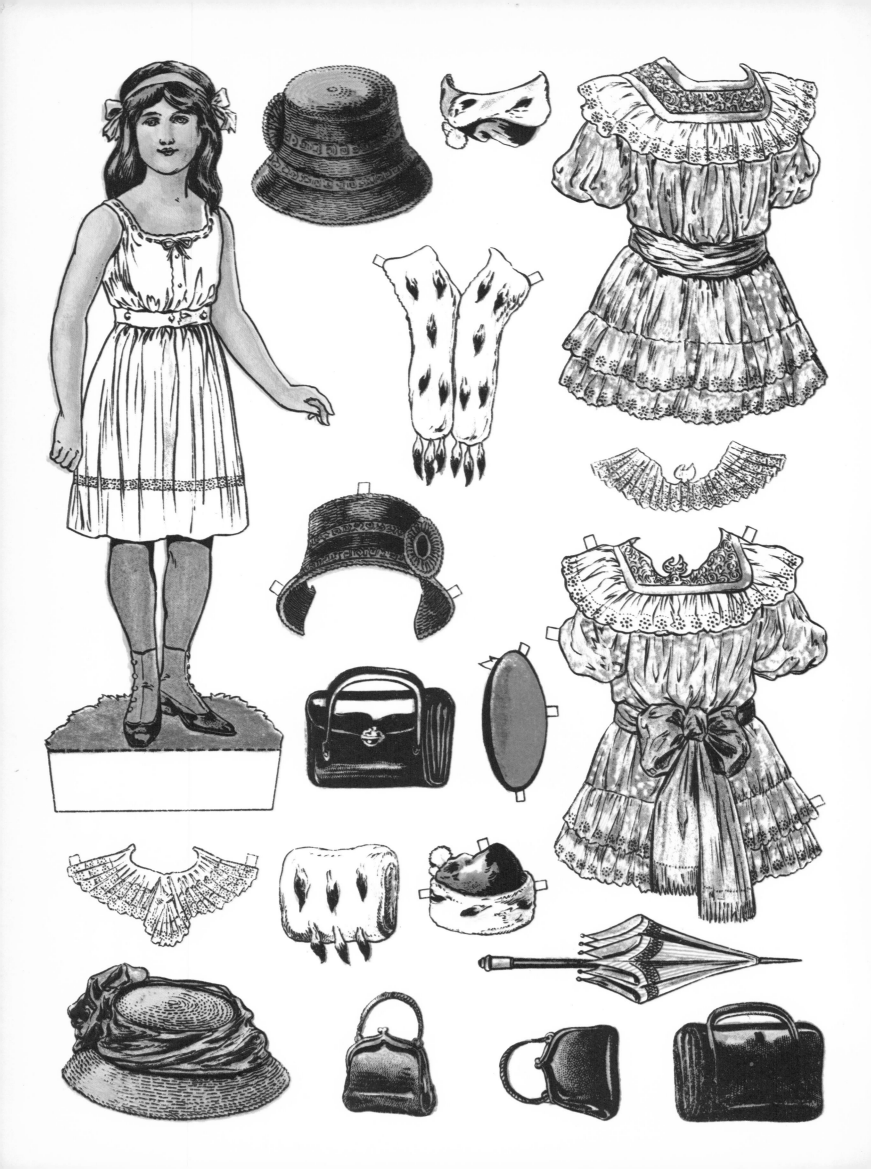

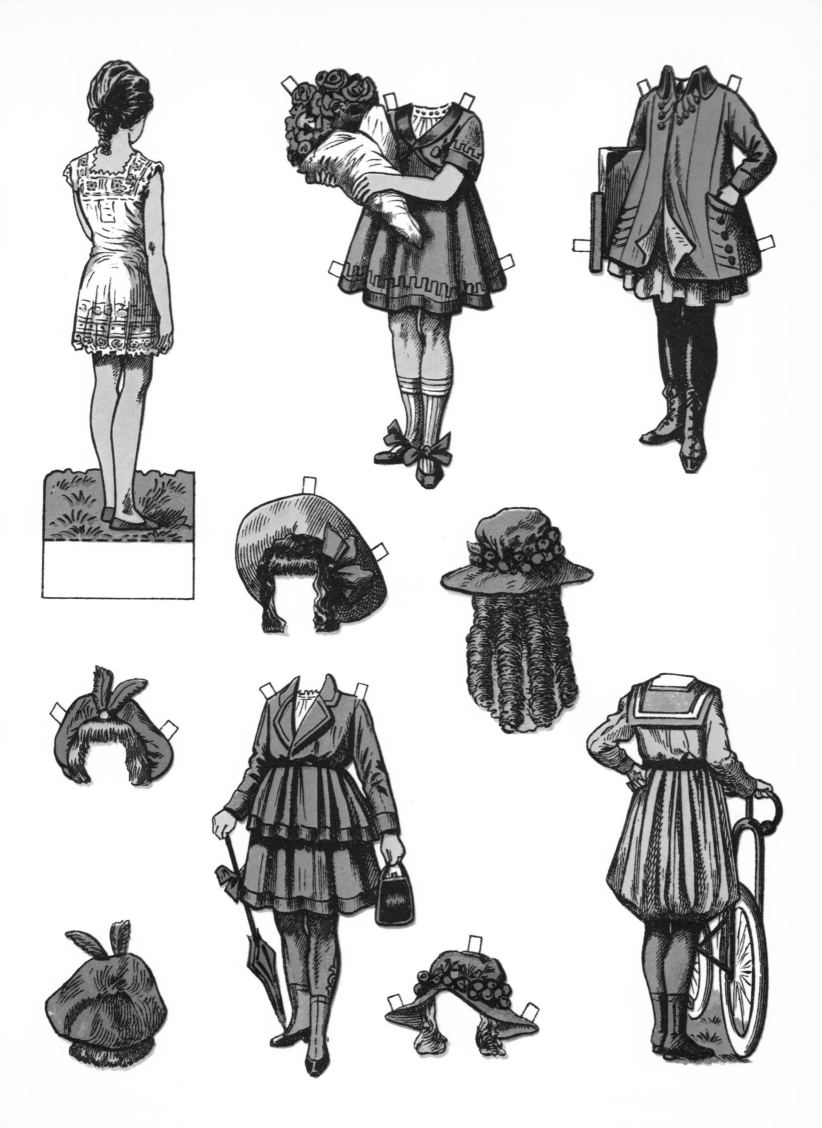

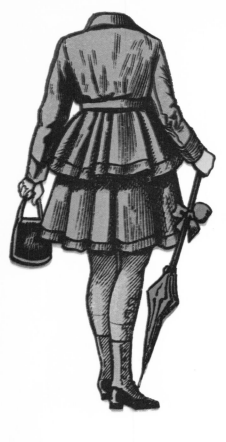
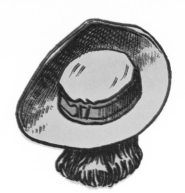
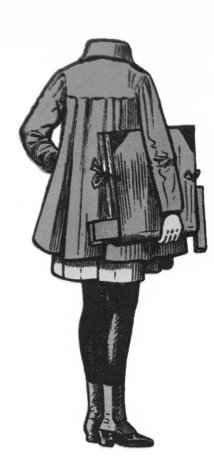
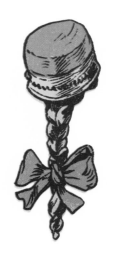
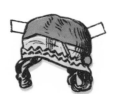
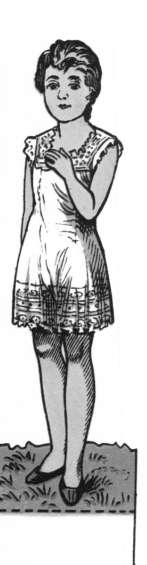
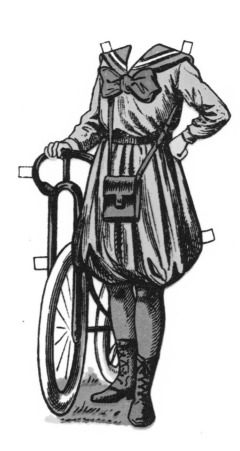
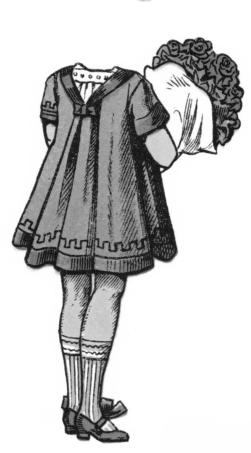

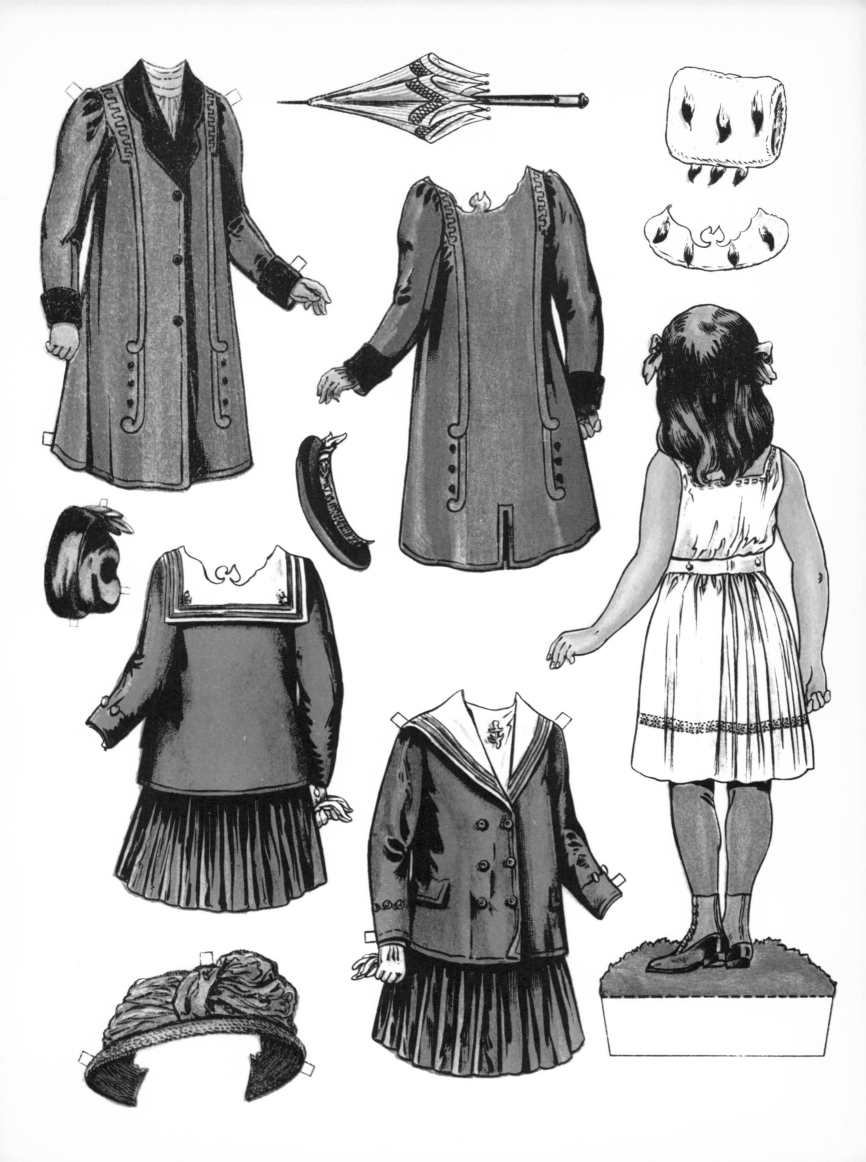

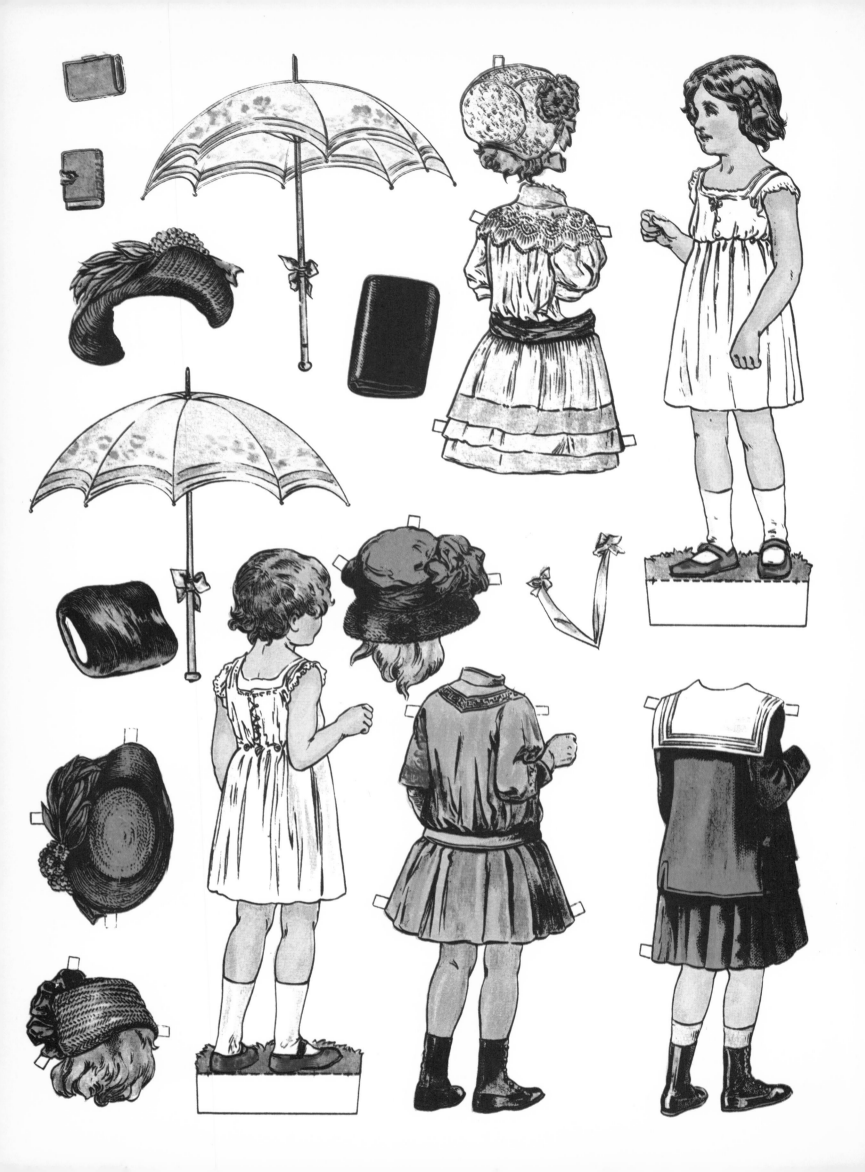

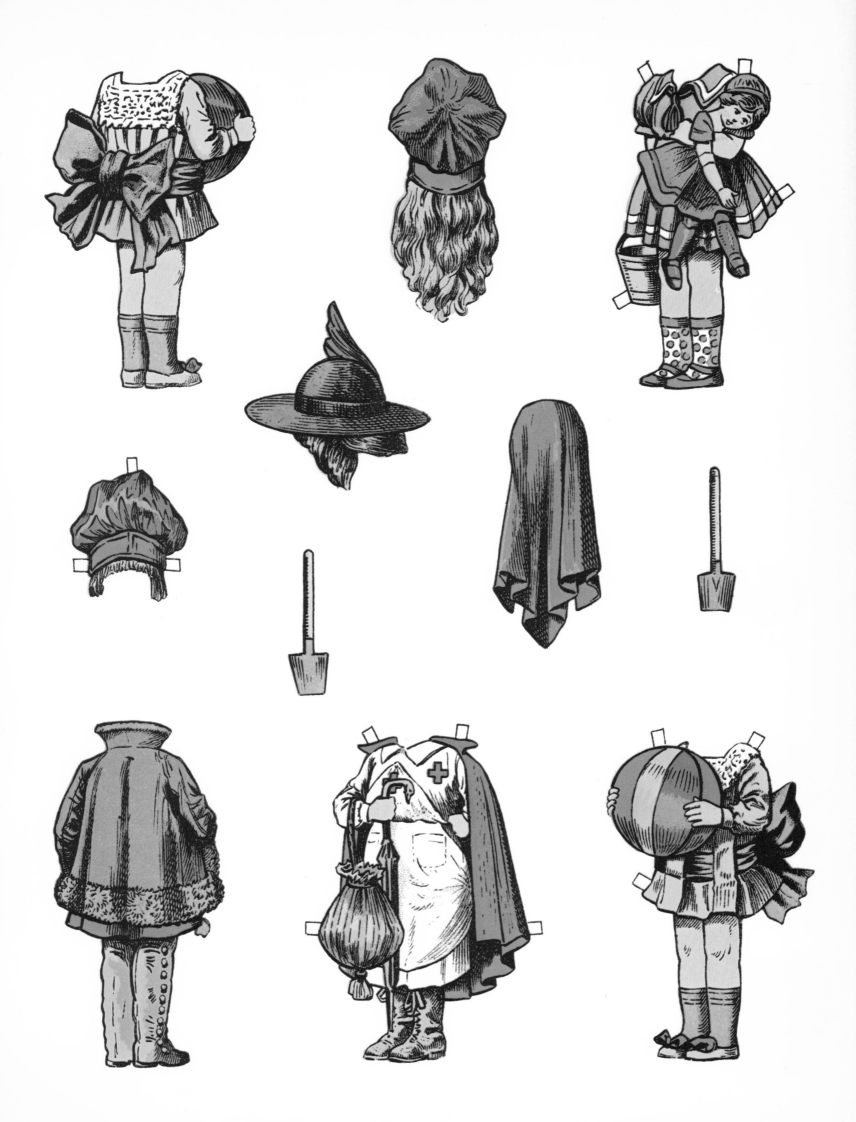

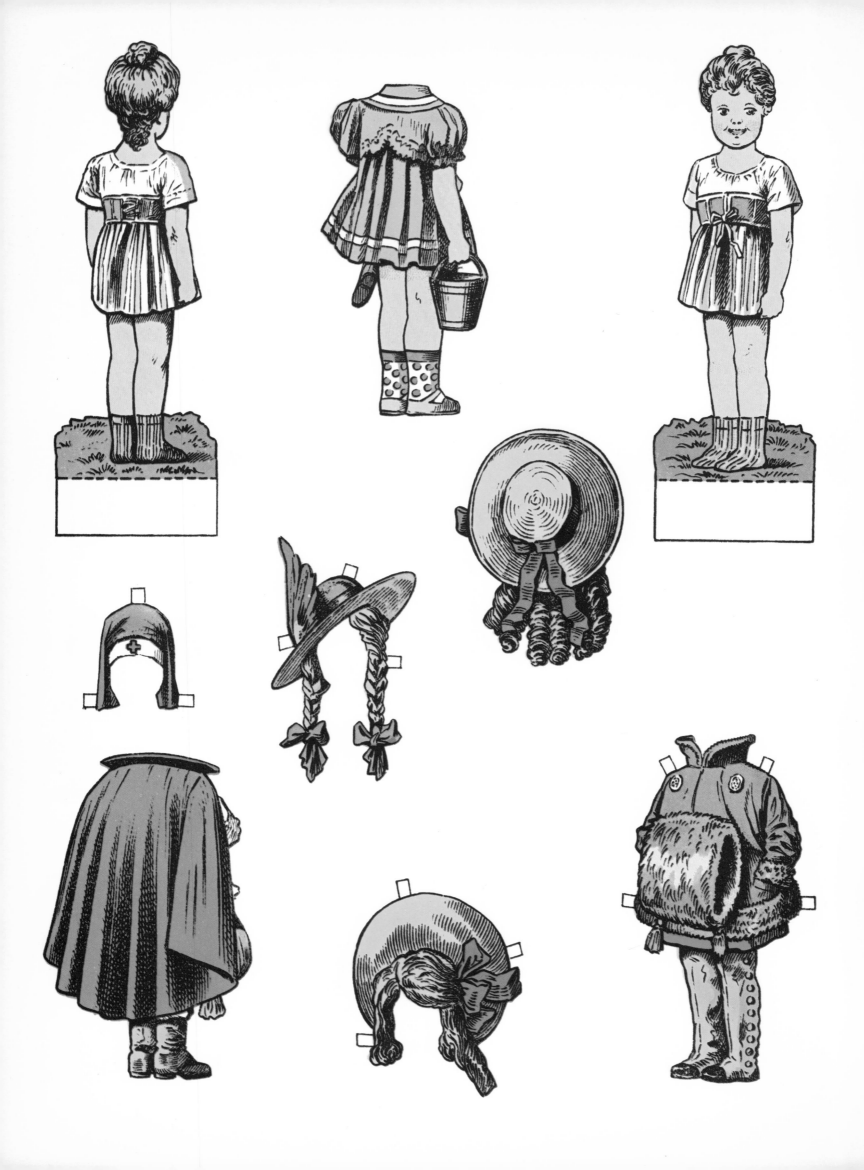

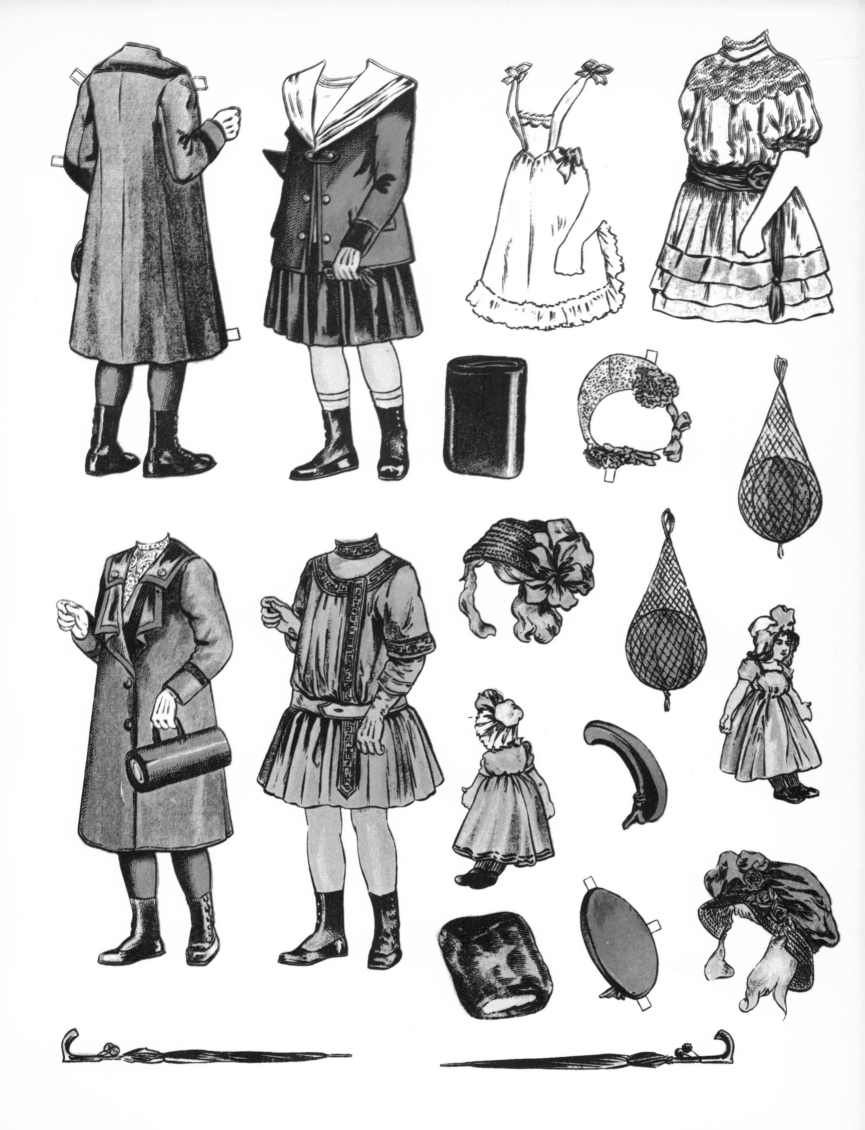

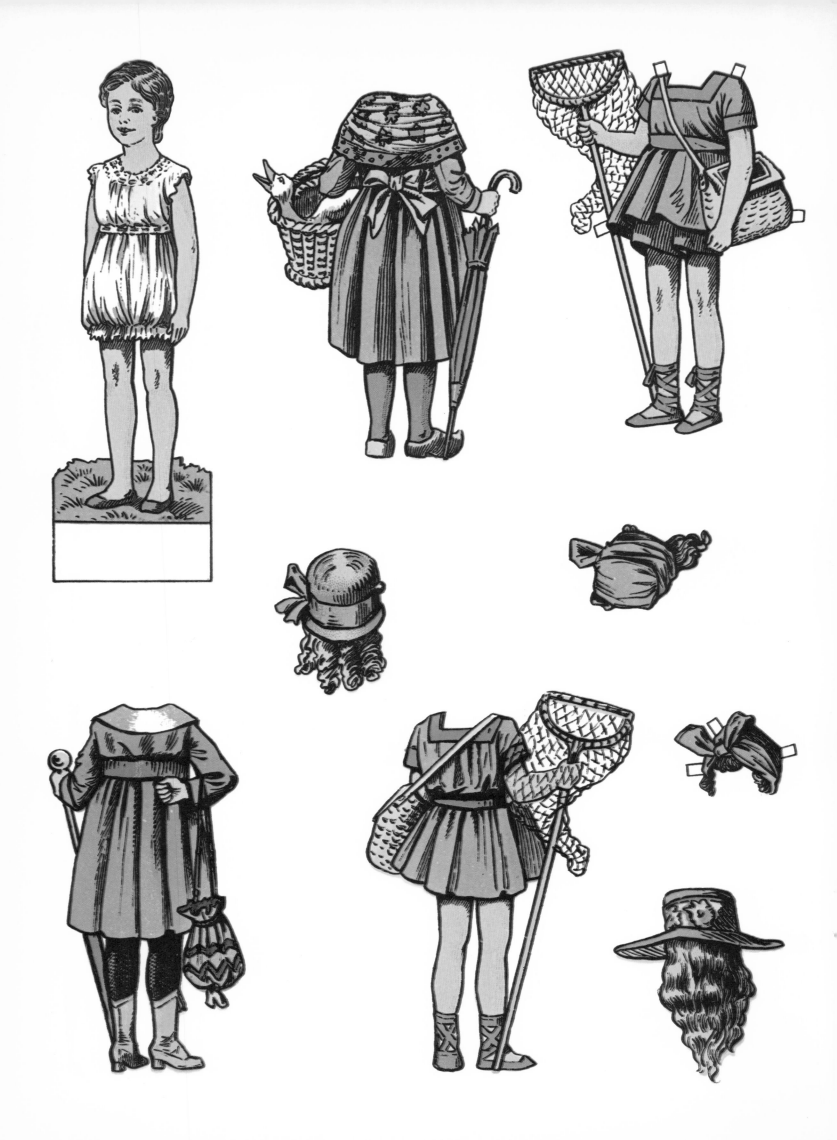

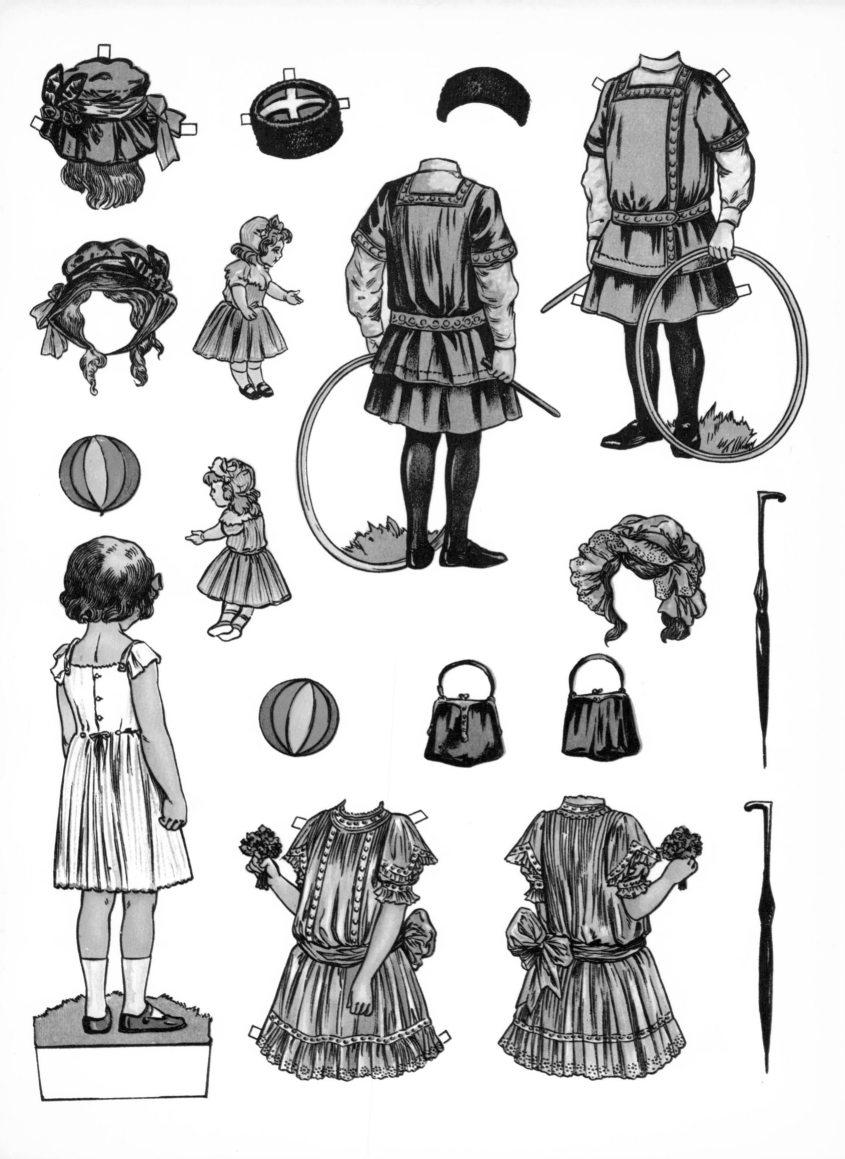

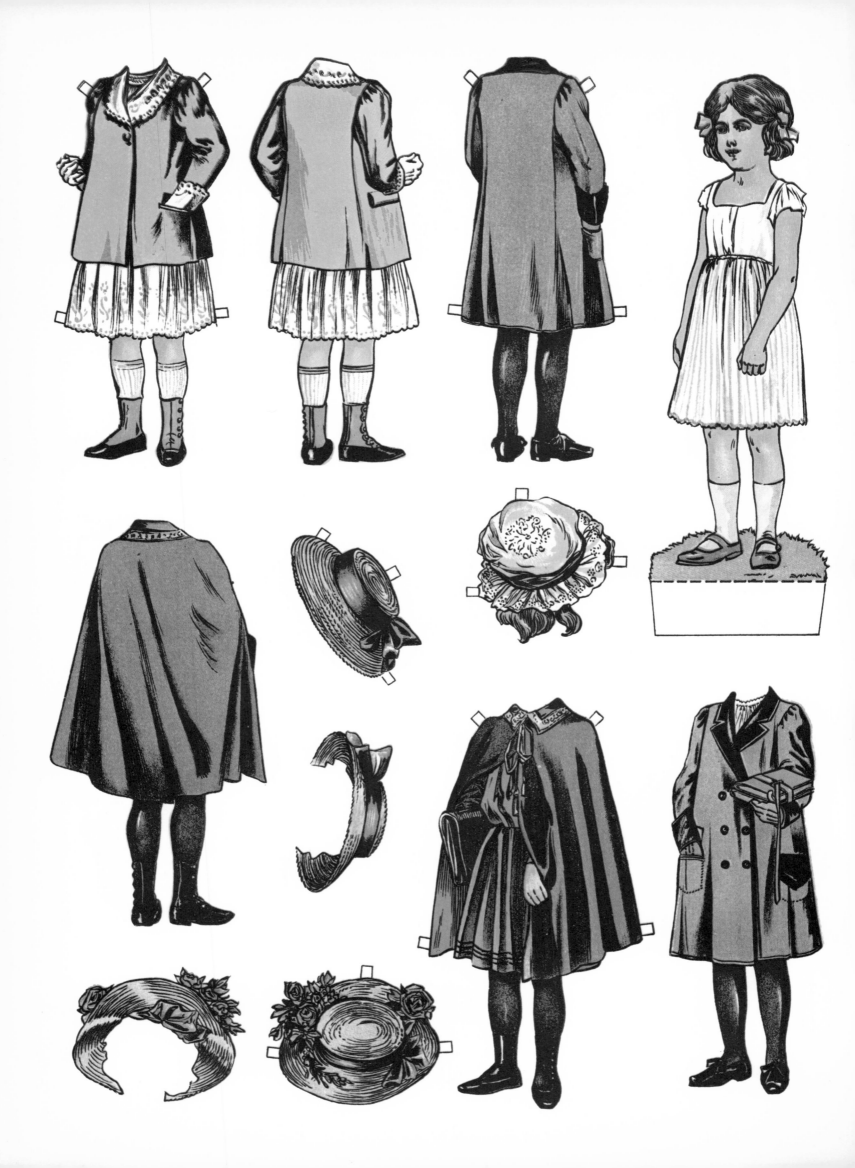

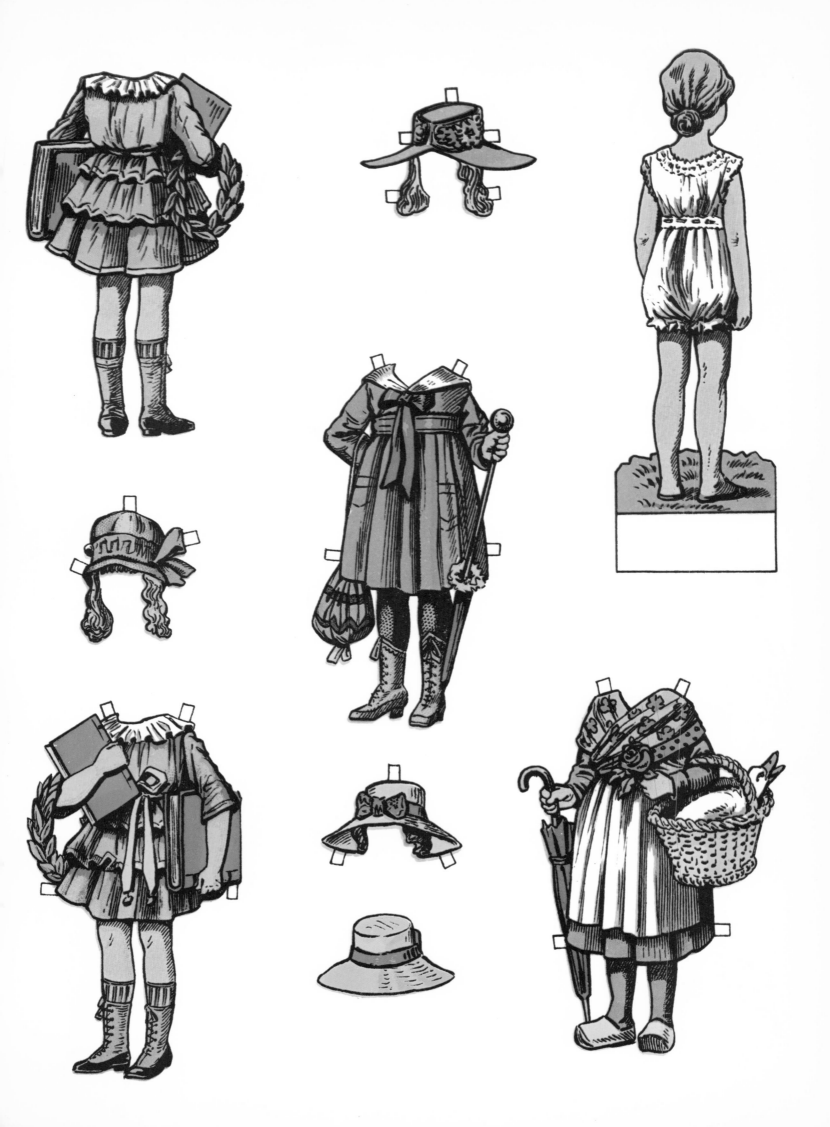

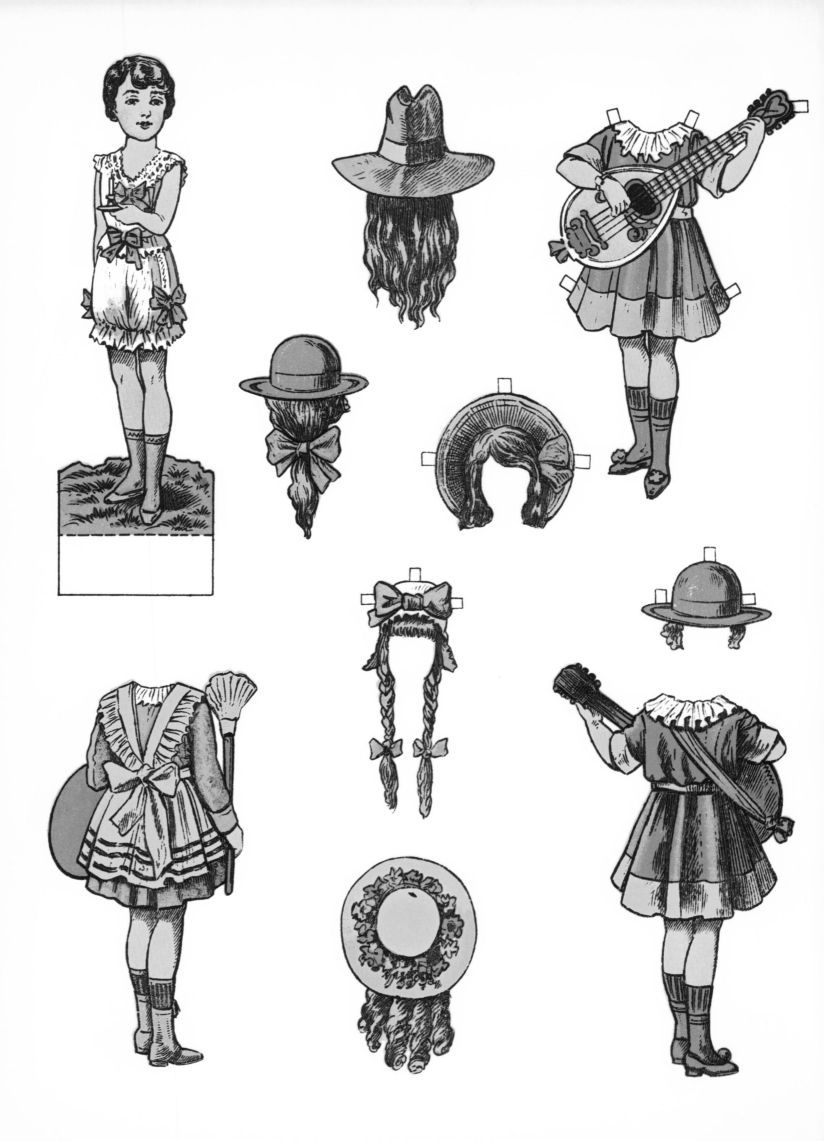

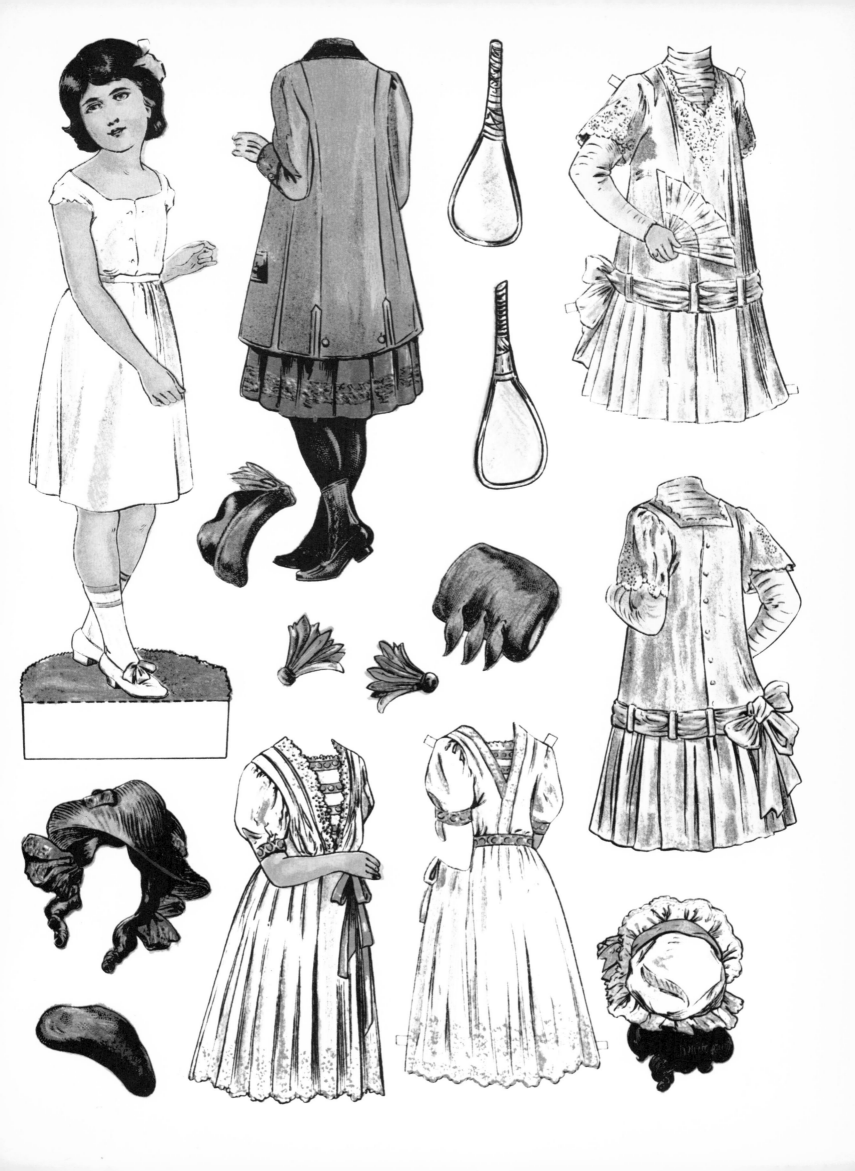

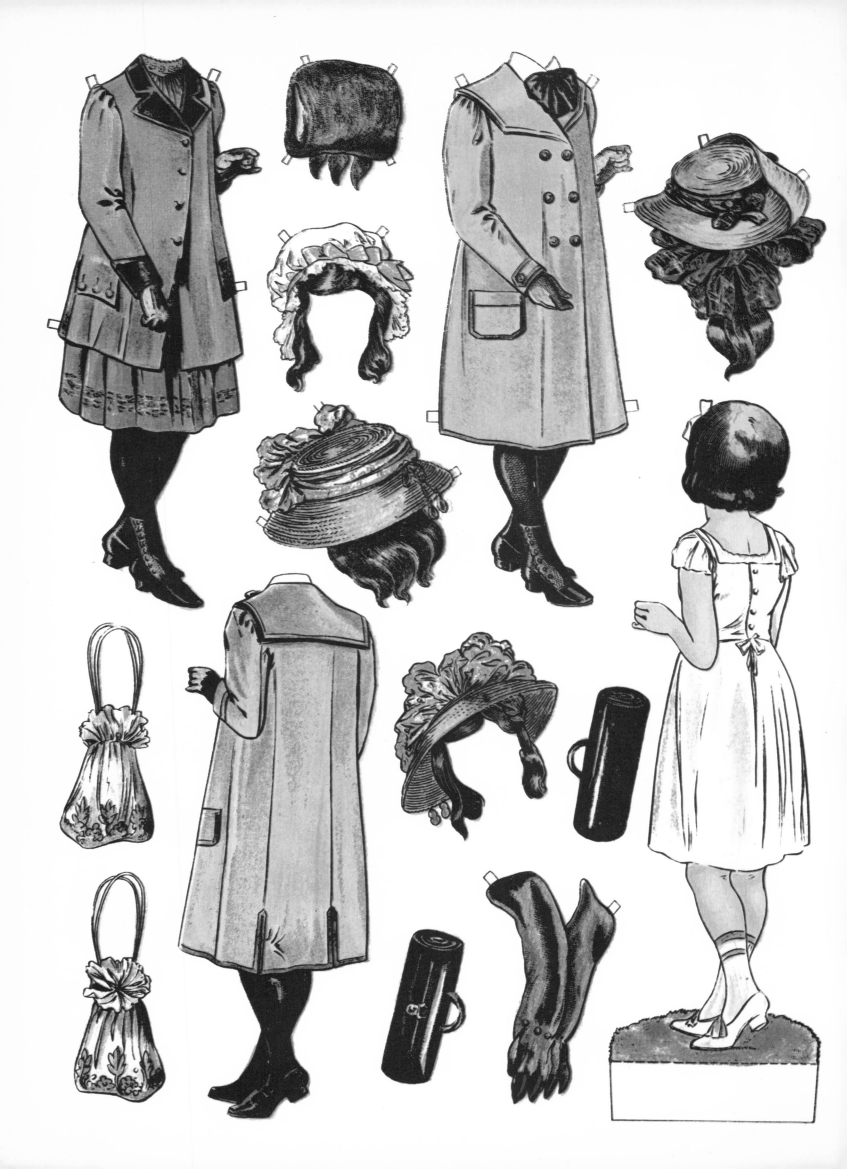

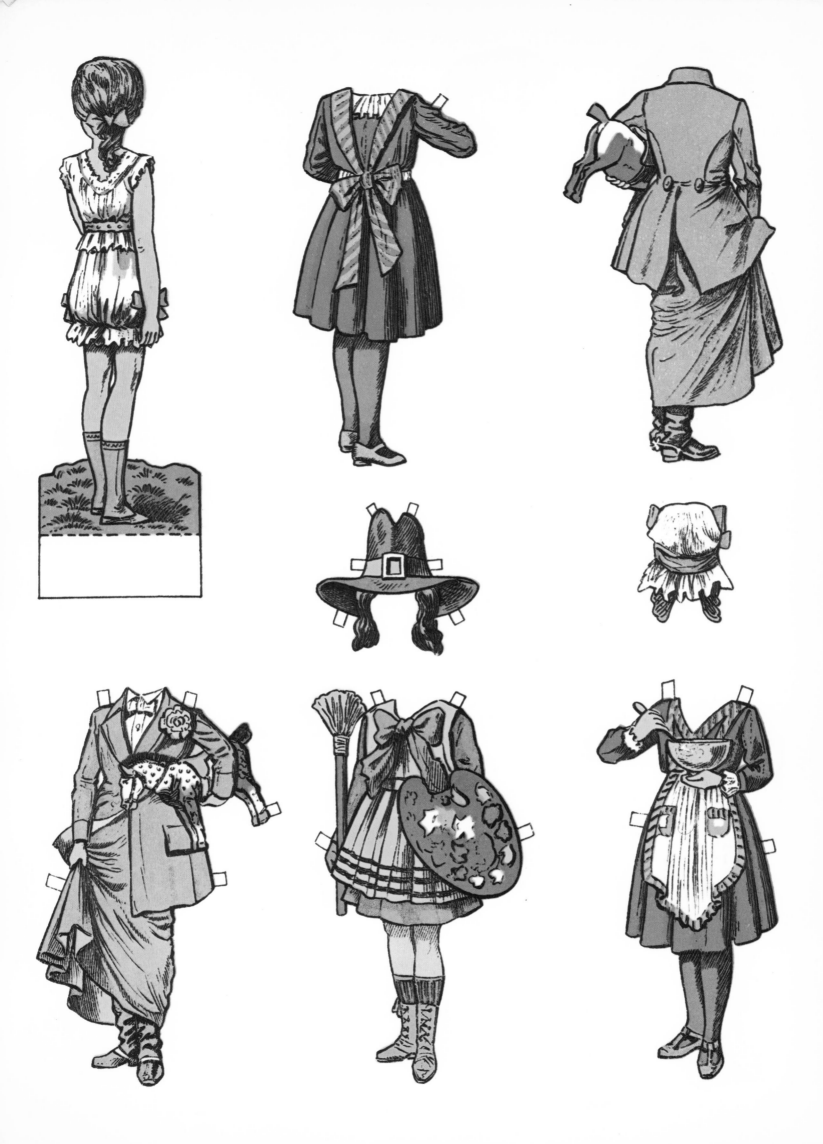

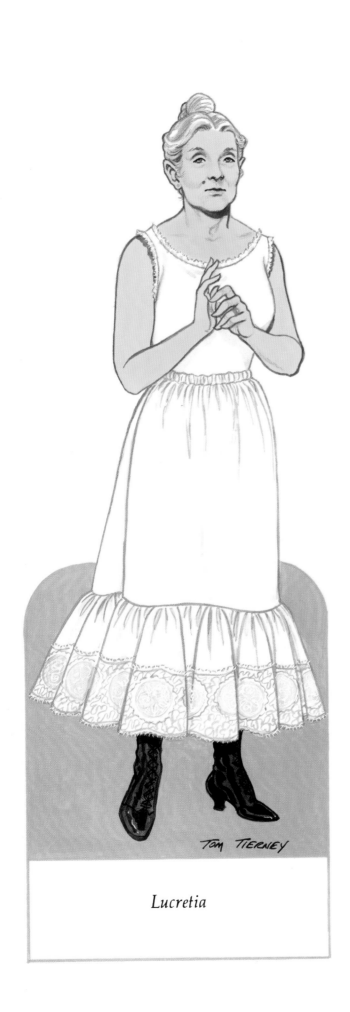

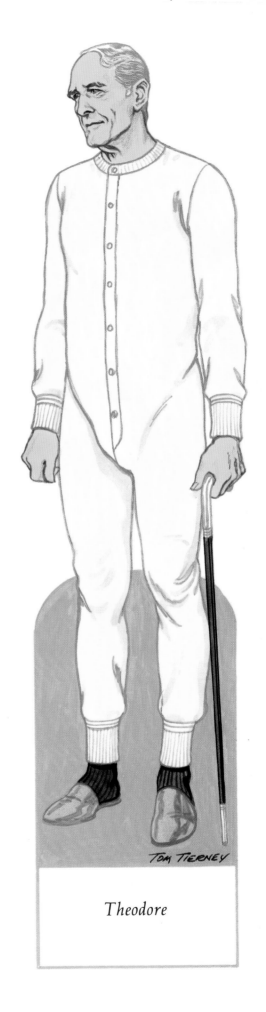

Lucretia

Theodore

Plate 1

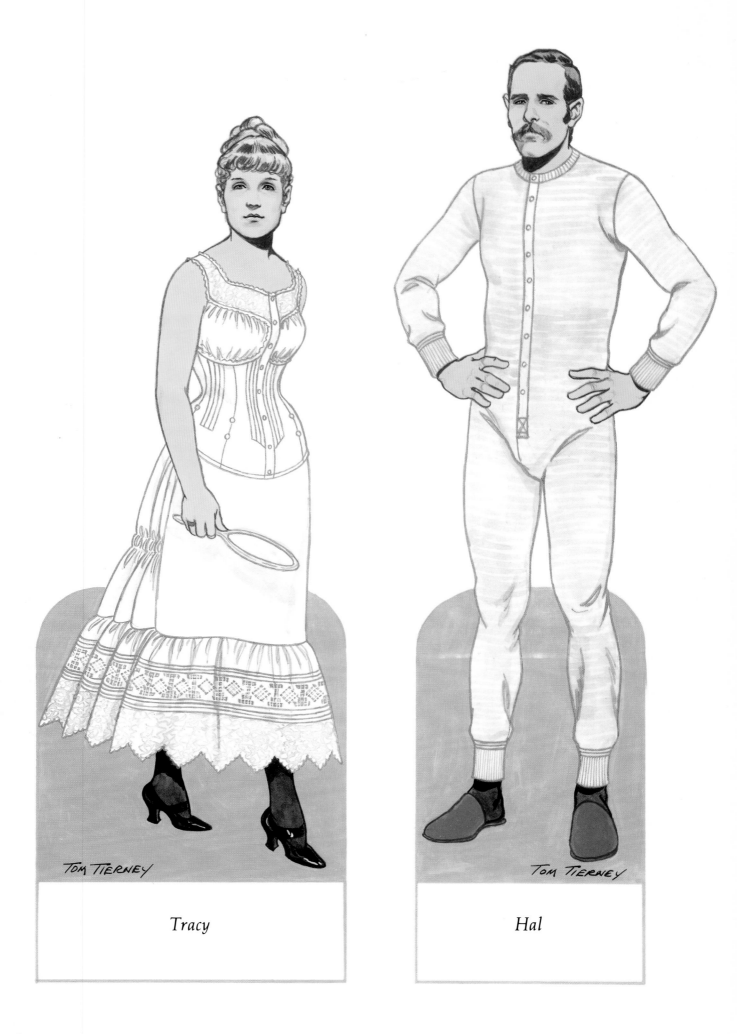

Tracy

Hal

Plate 2

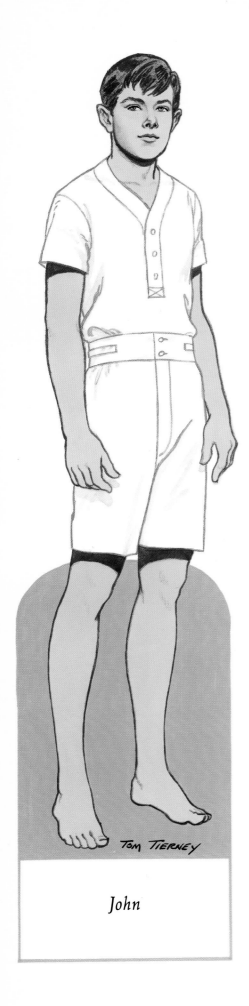

John

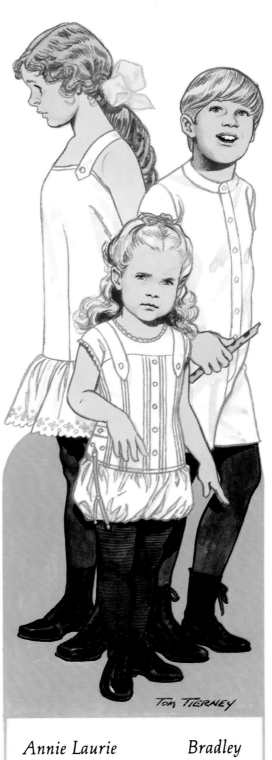

Annie Laurie   Bradley

Eula

Mary Lou

Plate 3

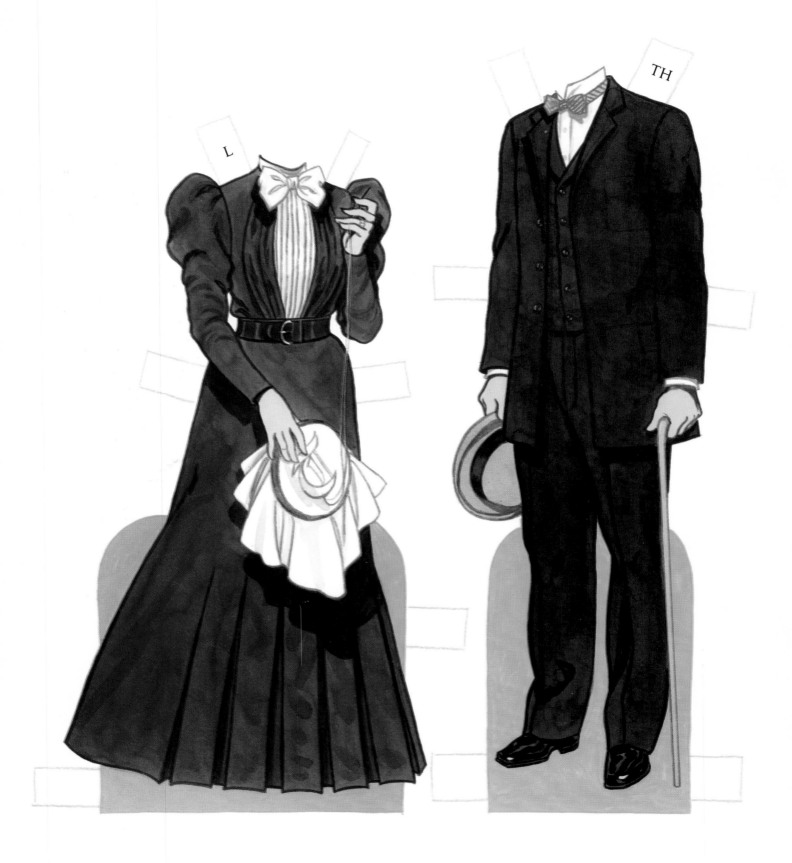

Plate 4

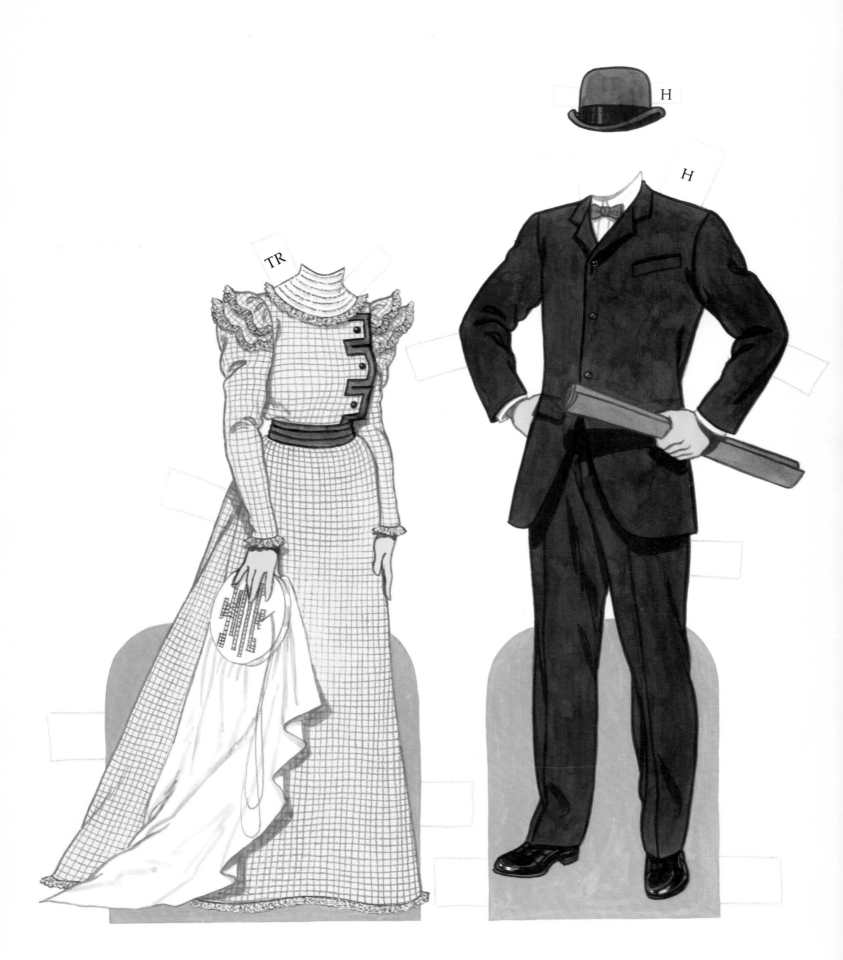

TR

H

H

Plate 5

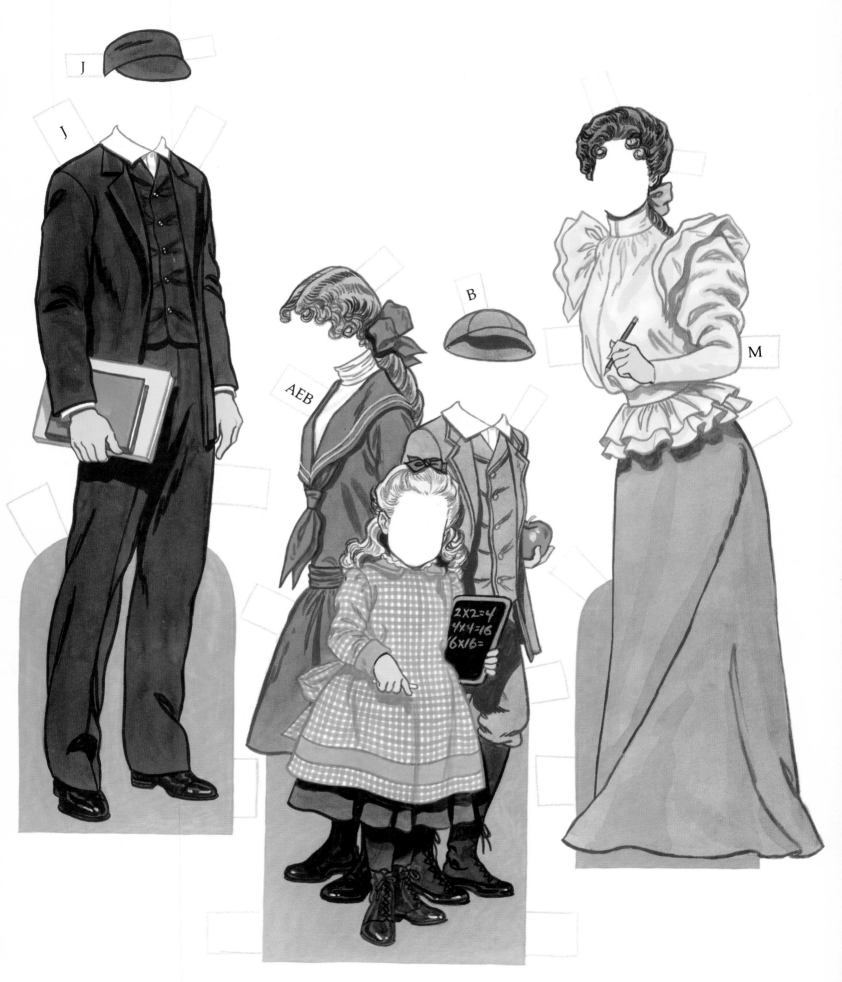

Plate 6

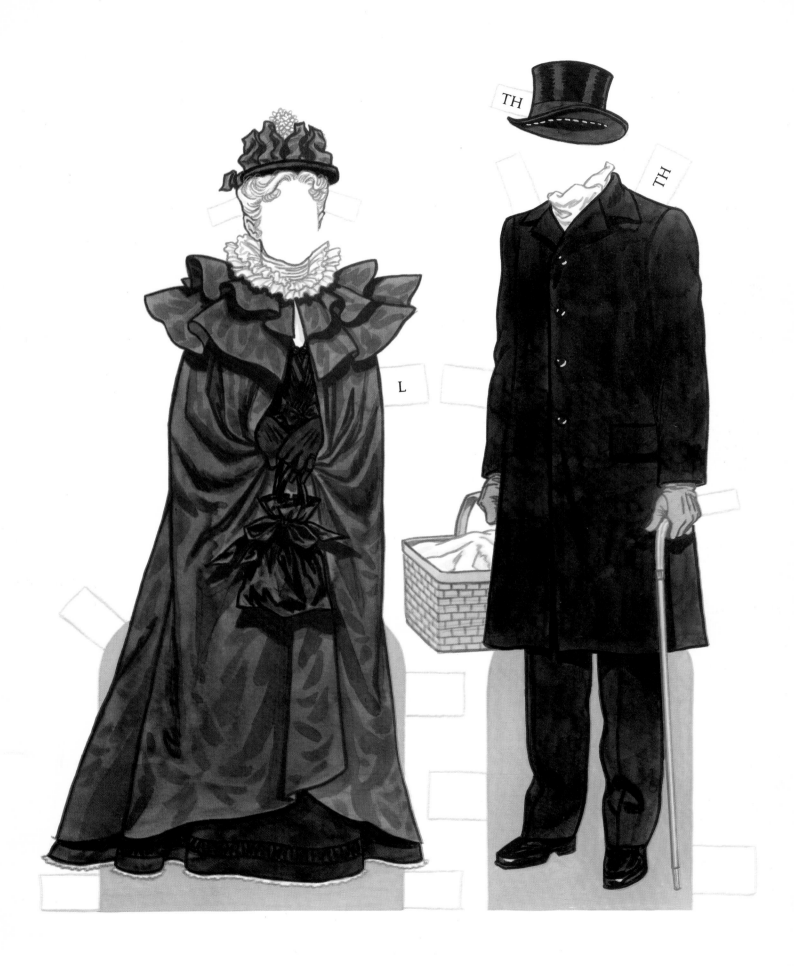

TH

TH

L

Plate 7

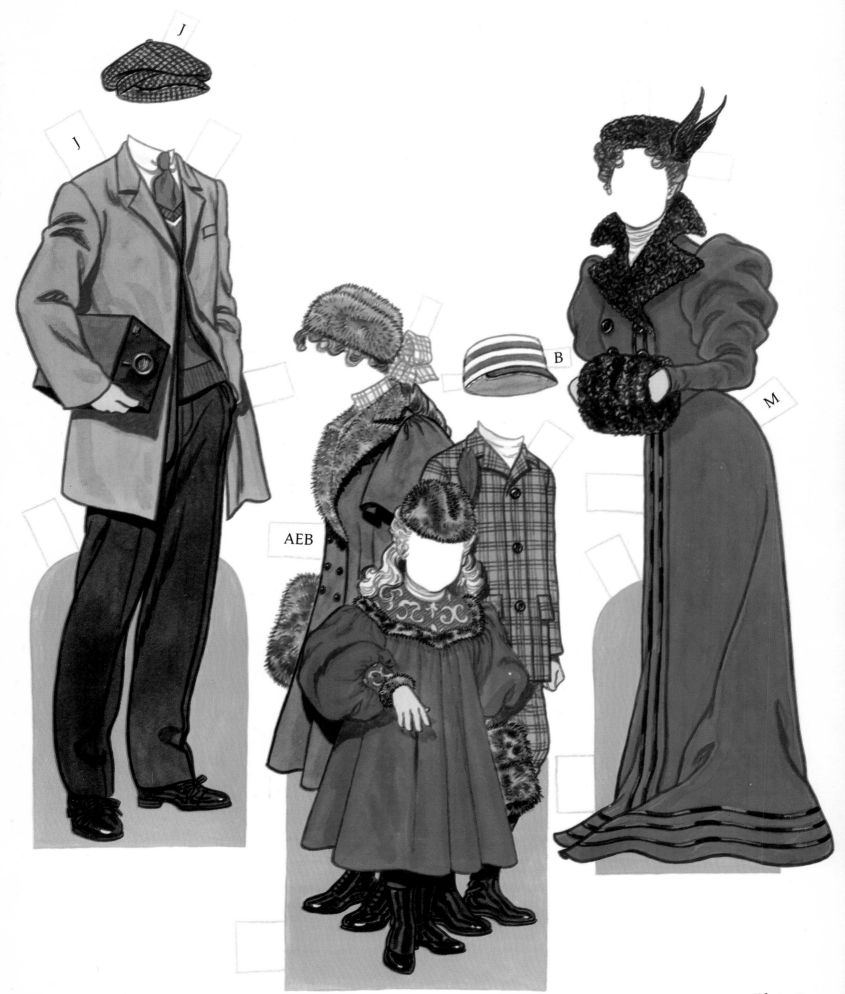

J

J

AEB

B

M

Plate 9

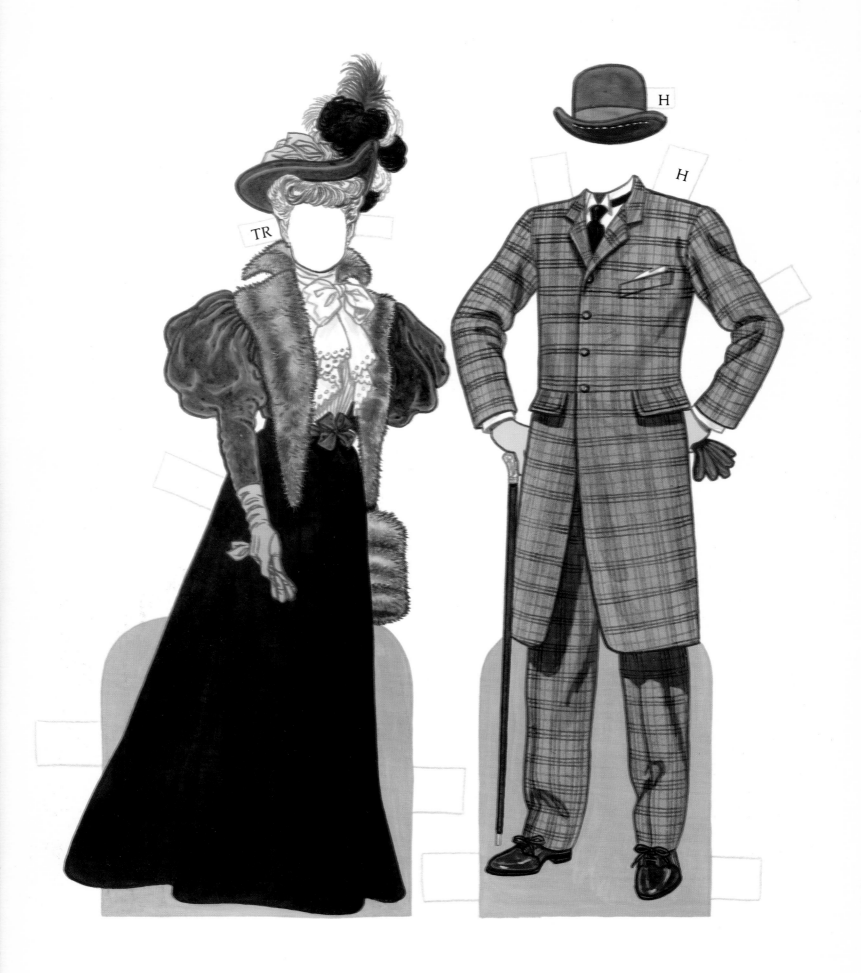

Plate 8

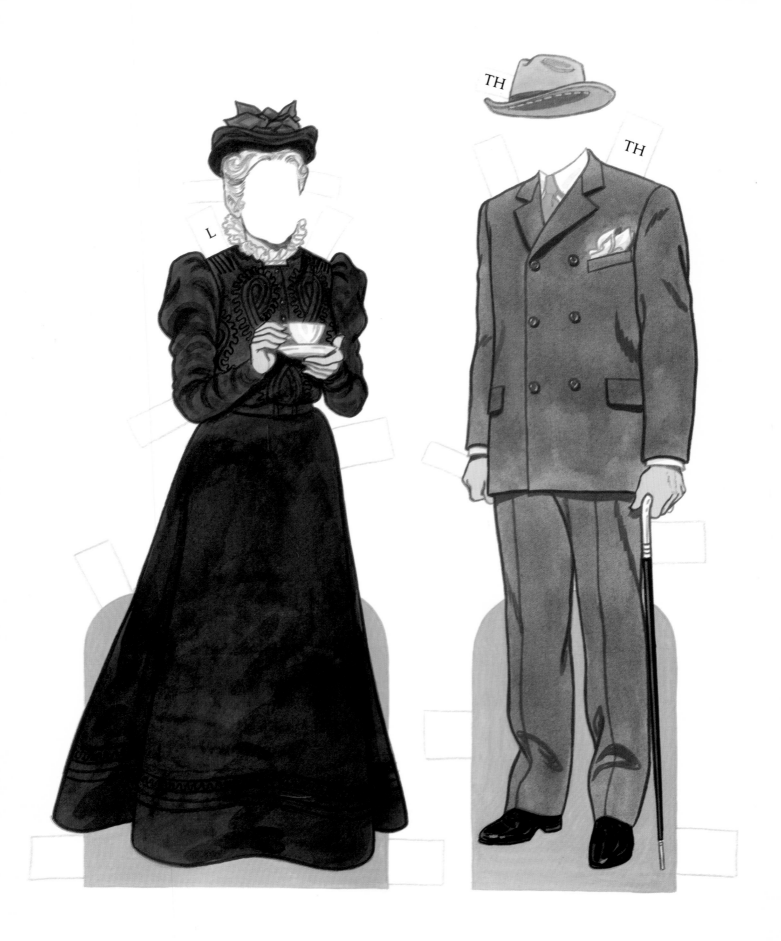

Plate 10

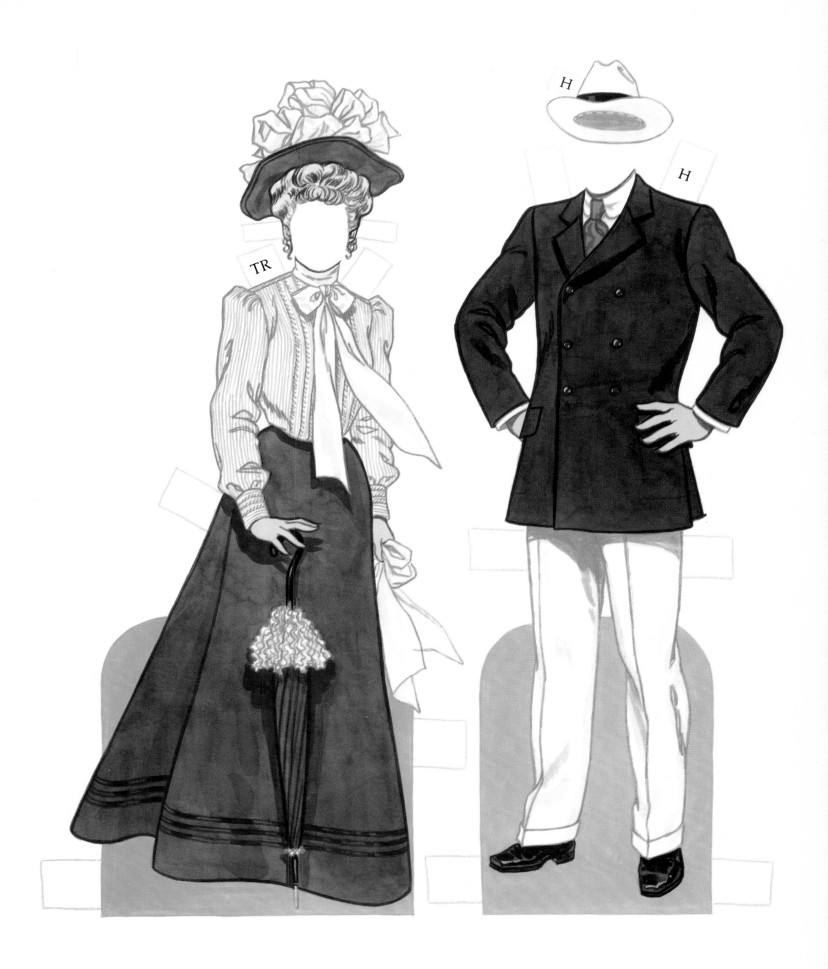

Plate 11

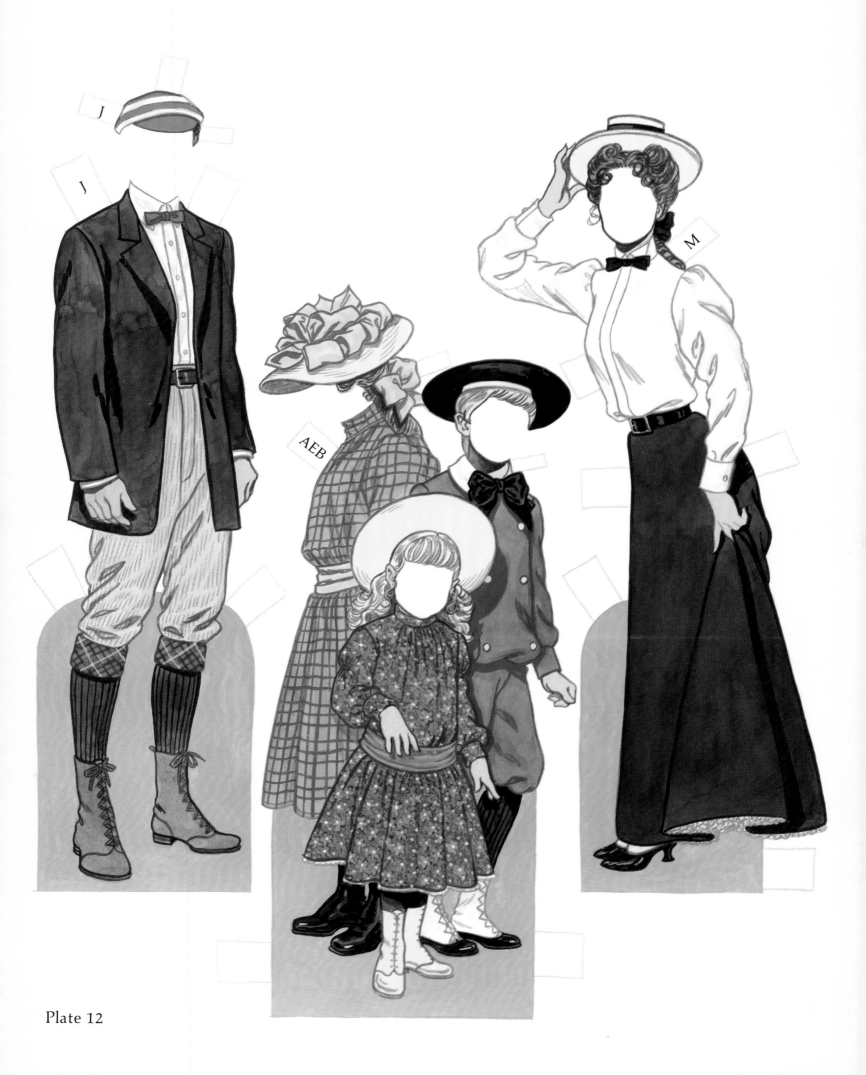

J

J

AEB

M

Plate 12

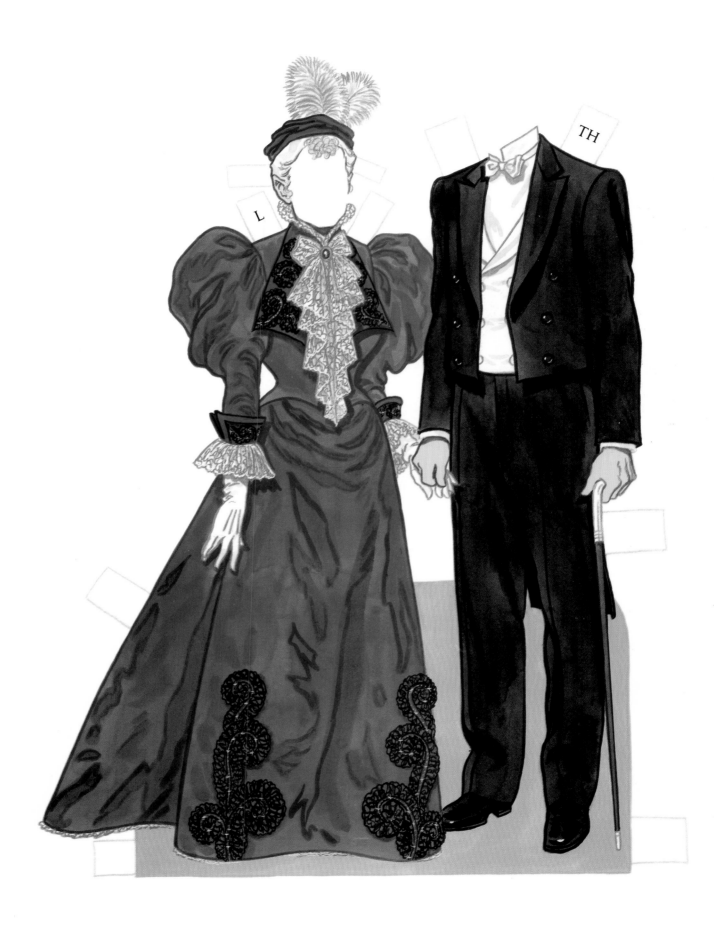

Plate 13

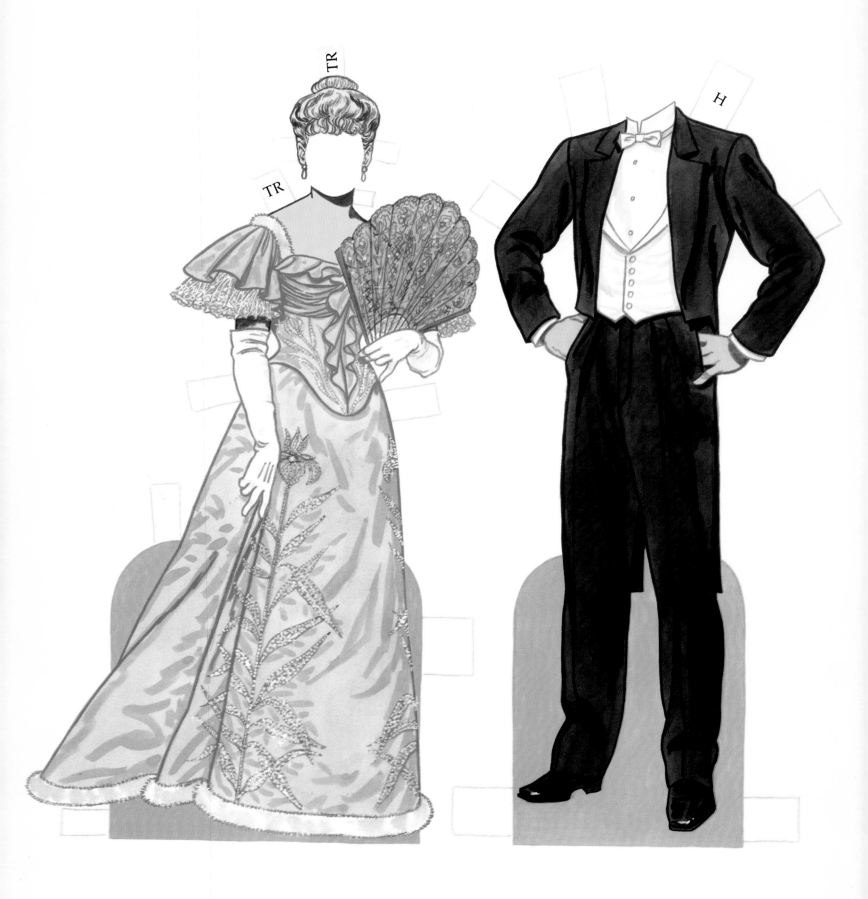

Plate 14

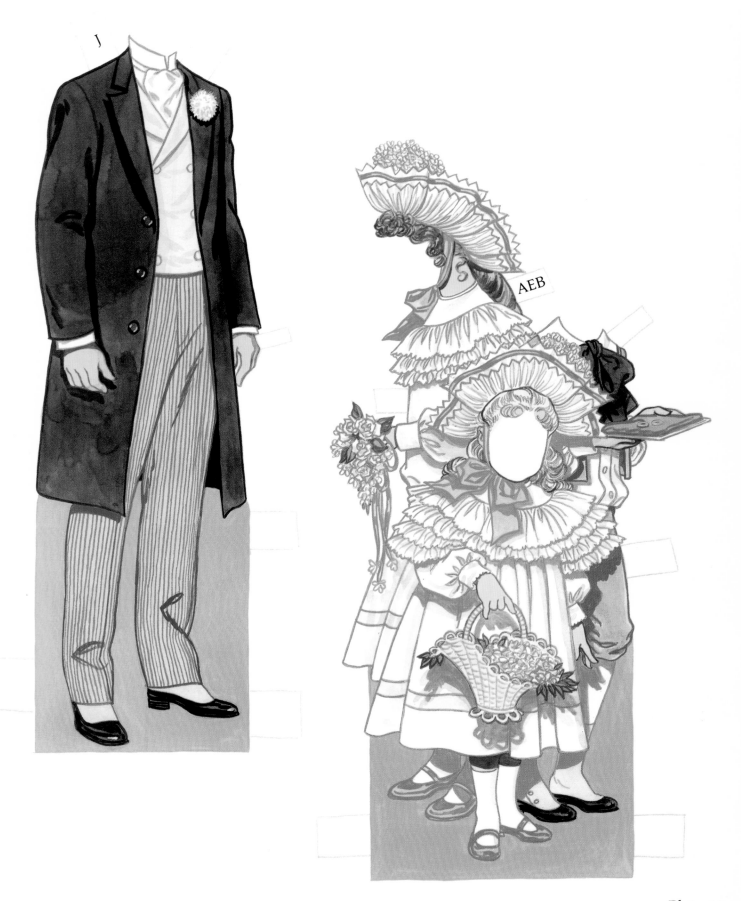

J

AEB

Plate 15

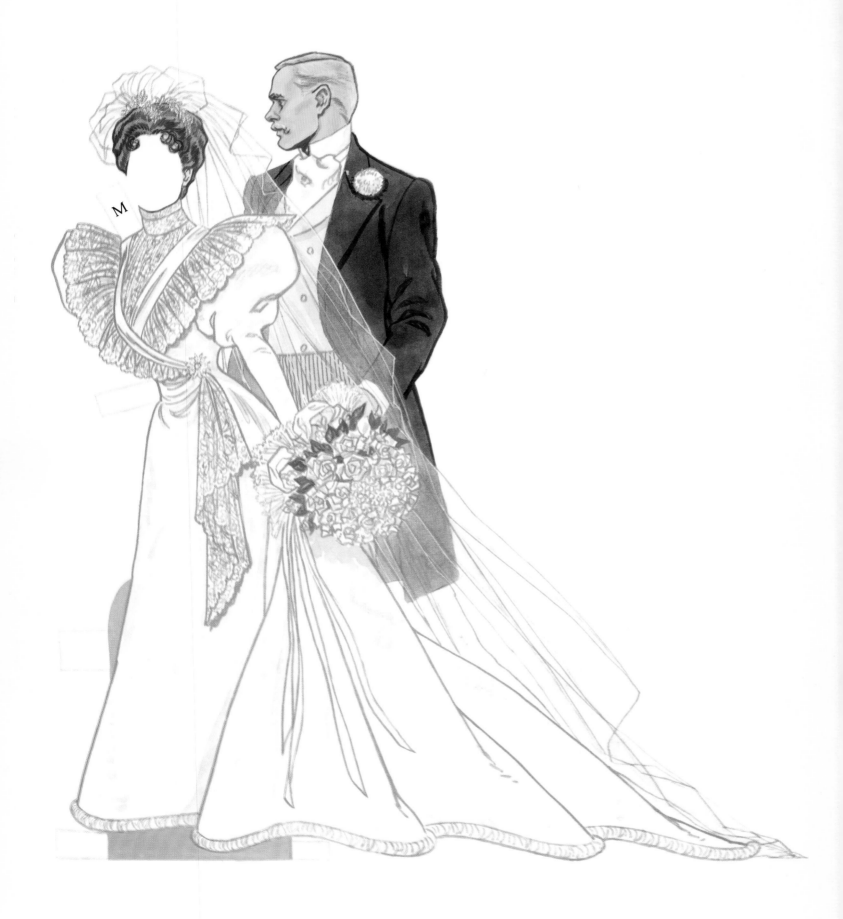

Plate 16